| 박수준 2집 |

바람엔 계절이 숨어 있다

도서출판

님께
....

함께 있으면 좋은 사람에게 이 책을 드립니다.

늘 건강하시고 행복하세요

드림
....

날짜   년   월   일

책을 펴내면서

그림을 습관처럼 그리고
시를 취미 삼아 쓰던 나는
어느 날 그림을 쓰면서
시를 그리고 있었다

시를 그리면서 시간도 그리고
인생을 그리면서 친구도 그리고
삶을 그리시면서
지나온 날들을 그리고 있었다

지천명을 넘어 이순이 되니
황혼은 산등성이에
넓게 걸려있고
설익은 머리엔 벌써 듬성듬성
하얀 겨울이 와 있음을 느꼈다

아직 여물지 않은 이야기
세상에 내놓기에 부끄럽지만

삶의 한 귀퉁이를 공존한
귀한 당신과
함께 공유하고 싶어서
묶어 두었던 마음을 세상에
살포시 내놓습니다

2025년 8월 여름
박수준 작가

1부 흐르는 인생

그대 위한 서사 ················ 14
비애 雨愛 ···················· 15
피에로의 슬픔 ················ 16
목어(木漁)의 꿈 ··············· 17
길 잃은 냉장고 ················ 18
그대 머문 자리가 그립습니다 ···· 19
깊은 밤 깊은 곳으로 ············ 20
그런 거란다 ·················· 21
애연의 지난날 ················ 22
Four Season ················· 24
크로키 Croquis ··············· 25
그래 이젠 그래도 되잖아 ········ 26
흐르는 인생 ·················· 28
그냥 좋아 ···················· 29
멀고 먼 길 ···················· 30
또 지나가고 ·················· 31
하얀 지팡이의 회상 ············ 32
장터 ························ 34
현악 3중주 ··················· 36
당신은 아름다워 ··············· 37
외 사랑 어이 하나요 ············ 38
달(moon)의 몰락 ·············· 39
하얀 모래성 ·················· 40
맥가이버도 난감할 때가 있다 ···· 41

2부 세월의 흔적

그래 그런 거란다	44
술잔 속에 떠 있는 미소	45
달빛 없는 밤에도 그림자는 있지요	46
도담 삼봉	47
참 좋은 당신	48
깊을수록 좋은 밤	49
유채 이탈	50
동행	51
미소 공주의 날갯짓	52
오늘은 그냥 취하고 싶다	54
로망(roman)	55
김치찌개 쟁론기	56
부질없는 세상 내 것 아니니	58
그리움 하나 심고 싶다	59
차 한 잔에 생각나는 사람	60
백지에 그린 당신	61
가시 돋친 선인장	62
세월은 머물지 않는다	64
할머니의 단풍	66
노을은 짧더라	67
미로	68
꿈길	69
모내기와 이팝나무	70
집 나간 꽃향기	71

3부 봄 마중

소화의 자존심 ············· 74
새봄의 사춘기 ············· 75
그래 너 봄이로구나 ············· 76
목련꽃 政治 ············· 77
봄을 타 나봐 ············· 78
나비의 꿈 ············· 79
출근길 속삭임 ············· 80
봄볕이 곱다 ············· 81
亡國의 비애(悲哀) ············· 82
치자 꽃향기 ············· 83
봄바람에 가슴 베이지 말자 ············· 84
할미꽃 필 무렵 ············· 85
미련 ············· 86
소리 없이 봄은 내리고 ············· 87
그대 봄 나의 곁으로 ············· 88
봄 마중 I ············· 89
꽃은 피고 또 지고 ············· 90
봄의 왈츠 ············· 91
나른한 커피숍 ············· 92
봄비 ············· 93
그리움 ············· 94
봄 마중 II ············· 95
마음의 향기 ············· 96
봄날 ············· 97

4부 여름과 겨울

이제는 안녕 ······ 100
참 매미의 절규 ······ 101
초여름의 비애(悲哀) ······ 102
깊은 7월 속으로 ······ 103
비 오는 날의 회상 ······ 104
세월의 아픔 ······ 105
밤 손님과 곡차 ······ 106
갯메꽃 증언 ······ 107
바람엔 계절이 숨어 있다 ······ 108
아아 잊으랴 ······ 109
그렇게 또 여름은 지나가고 ······ 110
아이러니 ······ 112
머물러주지 않는 시간 ······ 113
이름 모를 꽃 ······ 114
봄, 여름, 가을, 겨울 ······ 115
어느 휴일 아침 ······ 116
희망 ······ 117
이별의 아픔 ······ 118
겨울날의 왈츠 ······ 119
도둑 눈 ······ 120
가을이 머문 자리 ······ 121
한겨울의 굴레 ······ 122
진달래꽃이 그립다 ······ 123

보내는 마음 ··· 124
추억 어게인 ··· 125
봄을 기다리는 초겨울의 서사 ······················ 126
누구나 봄은 있는 거야 ································· 127

5부 가을의 향기

가을은 바람 타고 오나 봐 ····· 130
꽃은 지고 가을은 떨어져 ····· 131
머리가 희어질 무렵 ····· 132
가을이 남기고 간 사연 ····· 133
풀지 못하고 멀리 가버린 마음 ····· 134
먼지 쌓인 추억 ····· 135
겨울이 밀려오는 밤 ····· 136
노을에 어리는 추억 ····· 137
小雪 소설 ····· 138
지겨운 기억은 오래 머물지 않는다 ····· 139
여름은 가고 가을이 ····· 140
달빛을 줍는 아이들 ····· 141
구인 광고 ····· 142
이별의 순간 ····· 144
만추의 회춘 ····· 145
그렇게 또 세월은 가는 거야 ····· 146
가을 여행 ····· 147
광란의 밤 ····· 148
가을이다. 나가자 ····· 149
산소 옆에는 할미꽃이 있었지 ····· 150
배려 ····· 151
지겨운 기억은 오래 머물지 않는다 ····· 152
유채꽃 (시조) ····· 153
꽃바람 (시조) ····· 154
평론 ····· 153

1부

흐르는 인생

그대 위한 서사

한번 왔다 돌아가는 길
이제 아껴 두었던 쉼 하면서
하던 일 마저 하고
좀 머물며 여유로울 수 있는
그런 인생으로 살면 좋겠다

못다 한 사랑도 해 보고 싶고
뜻있는 일도 해 보고 싶고
새로운 길도 가 보고 싶다

그렇게 즐겁게 살다가
세상 어둠 내릴 때
한 줄기 빛 줄기 따라
아쉬움 없이 신기루 되어 가고 싶다

같은 곳에서 왔다
같은 곳으로 가야 하는 동반자
편중된 일상 던져버리고
서로를 위해 들숨 날숨 쉬면서
남은 허물 다 벗어 버리고
가벼운 몸으로 그렇게 살다 가자

비애 雨愛

그리움이 커지는 날
낮은 빗방울 소리에 놀라
숨죽이며 떨리는 꽃잎

순간 스쳐 지나간 사람들의
아른거리는 뒷모습이
못내 눈에 가득 차

덮어 두었던 날 들을 되새기고
흩어진 추억을 모아보며
감추어진 지난날들의
속살을 들춰본다

어지러운 세상 뒤춤에 감추고
아쉬움을 다독이며
못다 한 이야기를 내뿜어보자

비가
스쳐 지나간 사람들의
잊혔던 모습을
아련히 끄집어낸다

피에로의 슬픔

모두 나를 보고
웃고 있을 때
내 가슴은 눈물이 난다

지는 꽃을 보고
등 보이는
당신 모습에
그냥 눈물이 난다

꽃은 피고 지고
또 피고 지련만
돌아선 당신 모습에
난 그냥 눈물이 난다

결실은
그냥 오지 않는다
모진 눈·비 맞고
꽃잎 헤어지는
아픔이 있어야 오지

곱게 물든 황혼은
꽃보다 아름답지

비,야 바람아
이젠 그만 그쳐라
꽃잎 떨어질라

목어(木漁)의 꿈

삶의 자투리가 흔적처럼 남아
박재가 된 북어(北魚)는
바다가 그리운 망각을 잊은 채
안녕을 빌며
억겁의 실타래를 감고
기도를 한다

바람에 밀리지 않으려고
흩어지는 시간을 붙안고
속세를 떠나지 못한
중생들의 번뇌를 잊으려
동안거 끝나는 날
부귀를 꿈꾸는 모란

은빛 나비는 목어가 된
북어의 안녕을 꿈꾸며
뜬 눈으로 바라보는 북어를 바라보면서
매달린 희망의 나래를 편다

길 잃은 냉장고

쭉~우욱 뻗은 고속도로 갓길 밑에
버림받은 냉장고가
힘 빠진 모습으로 어깨 처진 채
슬프게 누워있다.

어느 집 주방에서
기세 좋게 한자리 꿰 차고
한때는 남부럽지 않게
배불리 지냈을 텐데

문짝은 오래전 외출을 하여
보이질 않고
긁힌 얼굴은 안쓰러운데
배고픔을 달래주던 당당함은
이제 옛말이 되었다

냉동실 얼음은 언제 녹았는지
흘러내린 눈물자국이
버림받은 서러움을 삭이지만
옛 영화를 누리기엔 늦어
환생은 꿈이었나 보다

슬픈 조각들이 가슴속을 적셔
식사때마다 꽃피우던
가족들의 음성이
뿌연 허공에 서성인다.

그대 머문 자리가 그립습니다

처음 만나 쑥스럽게 인사 나누며
함께 있던 자리도 그립고
같이 웃음 지으며
따뜻한 차 마시던 후미진 카페도 그립습니다
공원 벤치에서 추억을 그리며
밀어 즐기던 자리도 그립고
천년의 은행나무 밑에서
사진 찍던 자리도 그립습니다

그대 머문 자리는 사랑스럽습니다

고급 지진 않지만
허름한 식당에서 식사를 하며
반찬을 밀어주던 그대의 손이 사랑스럽고
옷깃에 티가 묻었다고
털어주던 그대가 사랑스럽습니다
구세군 냄비에 돈을 넣으며
얼마 되진 않지만
불우이웃 돕던 그대의 마음이 사랑스럽고
헤어질 때 손 흔들며
눈 빛 주던 그대의 눈동자도 사랑스럽습니다
그런 그대는 믿음 좋은
하나님 자녀입니다

깊은 밤 깊은 곳으로

밤은 알 수 없는
검은 수렁으로
한없이
빠져들어

외로움이
좁은 문틈으로
사정없이
엄습해 온다

뒤늦게
수습해 보지만
방 안 가득 찬
외로운 잔재들

뉘가
대체 나를
깊은 수렁으로
빠져들게 하는가

그런 거란다

아리움 아린 내 사랑아
단풍 들 때 오시려나
단풍 질 때 오시려나

연둣빛 눈 뜰 땐
눈이 부셔 못 오시고
녹음 우거진 여름날엔
더워서 못 온단다

연지 곤지 단풍 들 땐
수줍어 못 오시고
눈 덮인 겨울날 엔
추워서 못 온단다

삶이란 그런 거지
다 그런 거란다
세상 마음대로 안 되고
진리대로 살 수 없는 게
인생이란다.

애연의 지난날

단칼에 잘라버렸지

그놈에게는 딸도 주지 말라는
친구들의 쓰디쓴 말
그래도 나는
그 뜻을 굽히질 않았어

베이듯 속을 파고드는 통증
역겨운 냄새
까맣게 타들어 가는
말할 수 없는 괴로움

이별을 할 수밖에 없었던
이유야

깊은 눈물을 감추며
희로애락을 함께한 너를
가슴을 토닥이면서
흔적 없이 보내고
소멸 시키고 말았지

나는 너를 보냈지만
너는 나를

타들어 가는 몸을 바치며
길거리에 내동댕이쳐진
그날도
물끄러미 바라보며
잿빛 고개를 툭 떨구었어
그래
20년 전엔 나도 애연가였어

Four Season

모든 걸 다 내 주어도
아까워하거나
미련 없다고 하는 너

때가 되면 말없이 옷을 벗고
벗어도 수취 심 없이
당당한 너

옷이 내벌밖에 없어도
주눅 들지 않고
말없이 뽐내는 너

한자리에서 꿋꿋이 내려보며
사랑의 진리를
말없이 전해 주는

진리와 깨달음을 주고
비움의 미학을 주는
그대는 나의 버팀 목(木)

크로키 Croquis

빛도 숨죽인 밤
막막하다
순간포착이 힘들다

여필은 흔들리고
머리는 어지럽다
적막은 흐르고 선은 그어진다

초점은 흐려 사물이 흩어져
짧은 이 시간이 지나면
5분 드로잉 수포로 돌아간다

시간은 멈추고
손놀림은 바쁘다
찰나, 사물은 스케치북에
순간 이동을 한다

※크로키
짧은 시간에 사물이나 사람의 특징을
재빨리 포착한 그림

※드로잉
광범위한 개념으로
건식 재료로 그리는 모든 것
(연필, 펜, 목탄, 크레용 등)

그래 이젠 그래도 되잖아

친구야
이제는 꼭 거머쥔 주먹 좀 펴고 살자
그동안 앙칼지게 꼭 쥐고 있던 주먹
힘 빼고 살갑게 살자
여리게 살아도 될 나이잖아

삶을 누릴 나이도 되었고
동심으로 돌아가
우정 깊은 옛이야기 나누며
추억에 젖을 때도 되었잖아

쥐어진 건 없어도
있는 것만으로 쓰면서 지내자
우리 나이 때는
지갑 여는 모습이
제일 보기 좋은 거라잖아

짧지만, 긴 세월
자식들 잘 키워놓았고
우리도 모질지만, 별일 없이
잘 지내왔잖아
그럼 됐어 무엇을 더 바래

앞으로는 나를 위해 살자
맛있는 거도 먹고
좋은 볼거리도 많이 보고
친구도 만나면서
그렇게 노을 진 나이를
새기는 거야

흐르는 인생

계획대로 안 되는
그러나 어차피 가야 할 길
홀로 떠나면서
많은 아픔이 있겠지

때로는
바위에 부딪쳐
상처도 입겠고
여울을 만나
시련도 겪겠지만

소용돌이치는
험한 길을 가야 한다
내 의도와는 상관없이
더, 낮은 곳으로

결국
태초에 있던 곳으로
가야 하는 길

투두둑~ 툭~~!!!
손을 놓쳐 떨어지는
용감한 빗방울
또 반복되는
여정이 시작되었다.

그냥 좋아

가까이 있으면 좋겠지만
멀리 있어도 좋아

마음만 내 곁에 있어준다면
그냥 좋아

멀고 먼 길

흔하던 별들조차 숨죽여
태초부터 내리던 빛이 숨었다

태양에 쫓기어 창백해진 달
그나마 지구 반대편에서
얼굴을 살짝 내미는 초승달이
수줍은 듯 발을 맞추는
노승의 그림자와 동반을 한다

눈을 감고
오롯이 감각으로만 길을 걷지만
극락이 멀지 않았음을
몸으로 느낀 노승은
희미한 달빛조차도 거추장스러운데

떨어지는 목련꽃 소리에 놀란
다람쥐가 숨을 죽인다
시끄러운 속세에 놀라
실눈을 뜨고 바라보지만
아직 수행 길은 멀다.

또 지나가고

세대는 교차를 하고
세월도 따라 간다

정지되었던 시간은
한순간에
순간 이동을 하고
또 잊히는 과거

내가 뜨고 지고 또 뜨는
한 생명이
태어나 울고 웃고
또 우는 세월의 연속

우주속 한 점
먼지만도 못한 내가
물끄러미
시간을 부여 잡고
여기 서 있다.

하얀 지팡이의 회상

적막처럼 고요한 당신의 마음
속 깊이 박혀있는 돌

금방이라도 울컥 쏟아부을 듯한
그대의 눈망울
아수라장이 되어버린 몸
거북이 등짝 같은
거친 손에 비친 구겨져 버린 얼굴

이미 뿌옇게 보이는 세상은
앞면을 감추게 하여
난데없는 어둠 속으로 떠민다

관절 관절마다 자리 잡은
못된 세포들
마디마다 굳어 생을 위태롭게 하여
향기 좋던 세상은 굽어져
삭아서 노화된 인생을 되돌아본다

호흡은 점점 식어가고
허물없이 놀던 세월은 멀어져
자꾸만 슬퍼지는 세상이 서럽다

틈새로 비집고 들어오는 햇살이
그리울 만도 한데
체념하며 고개를 숙이지만
아련한 배냇저고리 생각에
눈물이 울컥.

《하얀 지팡이》 시각 장애인이
길을 안전하게 걷기 위한 지팡이

장터

시장 후미진 곳에 순댓국집
뽀얀 아낙네 속살 같은 국물에
비개만 몇 개 수줍은 듯 떠다녀
투가리가 허전한 걸 보니
이 집 재료도 불경기인가 보다

국물 속 요란한 돼지 고함 소리에
그릇이 진동을 하니
필시 고기는 유통 기한을 안 넘기고
싱싱한 게 맞는 거 같다

깍두기 더 달라니
직접 갖다 처먹으라는 주인 할미의
귀청 떨어지는 소리에
놀란 깍두기 그릇이 공중 부양을 하고

옆자리의 중년 남자
순댓국 두 개를 시켜놓고
그중 하나만 반쯤 먹는 둥 마는 둥
눈물을 훔치며 계산대로 향하는데

무슨 일이냐 묻는 할머니께

오늘이 돌아가신 어머니 기일인데
순댓국을 좋아하셨다고

아, 우리 아버지도 순댓국 좋아하셨지
다음 달이 아버지 기일인데.

현악 3중주

잠들지 못한 바람이
창문을 두드리는 새벽 2시

낯선 지휘자의 지휘봉이 춤을 추며
선율의 흐름을 바라보는데
스치고 지나던 적막함이 숨을 죽여
귀 기울인다

좌대 위 수석에 폭포는 떨어지고
3중주는 무르익어
거침없이 새벽으로 간다

바이올린, 비올라, 첼로

청동으로 빚어진 연주단
흐트러짐 없이 연주를 하지

우레와 같은 박수 소리에
졸려 떨구었던 머리를 들어보니
서재 책장 위
작은 연주단이 환희의 인사를 한다

관객에게 감사하다고

당신은 아름다워

눈을 감고
당신을 생각하면
마음속이
달아오릅니다

누굴 기다리듯 바라보는
선한 눈망울을 가진 당신은
마음을 따듯하게 만듭니다

뭐라고 말이라도 할 것 같은
나를 부르는 것 같은 눈빛
미소 짓는 그 꽃이
참 정겹습니다

외 사랑 어이하나요

그리움의 골이 깊어질수록
몸은 수렁 속으로 하염없이 가라앉고
의지할 곳 없는 나는
점점 짙어지는 까만 밤에 기댄 채
넋 놓아 지쳐만 가는데

외로운 밤과 떼어 놀 수 없는 몽상
헤어졌던 낮이 더욱더 그리운 밤
외사랑 어이하나요

숨겨둔 추억은
가슴속 한편에 아껴두고
꽃잎 떨어지듯 헤어져야 하는데
이 긴긴밤이 지나면 정녕 잊어질 까요

우리 어이하나요

달(moon)의 몰락

땅거미가
발가락을 간지럽힐 무렵
지친 영혼을 뒤로하고 하늘을 보니
빌딩 숲 사이 새빨간 보름달이
세상에 우뚝 서 있다
멍하니 바라보다
저 달이 왜 붉게 빛나고 있을까
태양이 되고 싶은 걸까

붉은 달 주변의 홍염
시간 속에 세상의 이치가 흐트러지면
흙 속에 파묻힌 사기가 진동한다지

어쩌면 죽은 이의 염을 불러
쉬고 있는 꽃가마를 타고 싶은 걸까

해가 뜨면 달이 지리니

하얀 모래성

아리도록 사랑한 사람아
골 깊은 미움이 첩첩이 쌓여
가슴에 가시가 돋치도록 사무칩니다

오해와 오해로 남겨진 흔적들
다시는 돌아올 수 없이 응어리져버려
후회의 연속으로 들숨 날숨 쉬어 보지만
이미 허물어진 모래성 어찌하나요

상처뿐인 마음 다시 세우고 싶지만
그러지 못한 자존심에
서러움이 앞섭니다

떠나간 가슴속에 내 마음 넣을 수 있다면
오해로 검게 물든 날들이 지워지겠지만
그러지 못한 현실에
짧았던 행복이 그립습니다

떨어진 눈물을 거둘 수는 없지만
손아귀에 쥐어 쥔 그리움을
그대에게 전할 수 있다면
무너진 성을 다시 쌓아 보겠습니다

맥가이버도 난감할 때가 있다.

한 무리의 리더가 된다는 건
쉬운 일이 아니다
제 곳을 이탈 한 모든 것
조이고 닦고 기름칠하고
세상과 소통 가운데서 융화하고
화목을 도모하는 그 무엇

형광등이 눈을 껌뻑이고
과식을 한 하수구가 막혔는데
변기마저 진흙탕이네
맥가이버의 손이 필요하다

가장은
어깨에 골고다 언덕을 오르는
예수님 십자가 맨 듯 무겁다

하루해는 축지법을 쓰듯 짧지만
어둠이 풍경을 덮을 즈음
낮아지는 어깨를 내려놓으니
안식이 손을 내민다.

2부
세월의 흔적

그래 그런 거란다

움츠리지 마! 봄은 오는 거란다
차디찬 겨울 지나면 봄은 오는 거란다
눈 내리는 엄동설한 지나면
꽃이 웃고 얼었던 햇볕이 미소 짓는
그런 새봄이 오는 거란다

포기하지 마! 너는 할 수 있어
조금 늦으면 어때 노력하면 되지
힘들고 어려운 날들 이겨내면
밝은 빛이 마음속을 훤히 비춰줄 거야
다 그런 거란다
그런 날은 오는 거란다

술잔 속에 떠 있는 미소

풀잎에 맺힌 이슬만 보면
괜히 슬퍼진다
눈물을 닮은 까닭일까

빗물을 따라 떠났던 그 이슬이
바다로 떠난 지 10년이 지났지만
아직도 미련이 남아
마음속을 돌며 가슴을 적신다
바다도 그늘은 있는 거지

우주를 담은 눈물이 맺혀
추억은 떨어지고
미련도 떨어져 볼에 매달려있다

고요함은 얌전한 손에
술잔을 쥐게 만들어
잔속에 미소를 보고 안도하지만
칼칼한 목이 질투를 한다

미소는 찰나에 입속으로 빨려 들고
손엔 빈 술잔만 쥐어져 있다.

달빛 없는 밤에도 그림자는 있지요

그늘 없는 바다에
고래 등 위로 햇살이 비취면
아기고래 어미 뱃살에 붙어서
그늘을 파고들어 젖을 먹고
따가운 시선으로부터 보호를 받지

어디 그늘 없는 곳이 있으랴
바다에도 그늘은 있고
사막에도 그늘은 있다

온몸으로 그늘을 덮을 따름이지

어머니는 늘 그러셨다
우리 아들은 착한데
친구를 잘 못 두어서 그렇다고

자식에겐 늘 웃고 있지만
달빛도 지쳐 잠든 늦은 밤
눈물 훔치는 모습에
난 밤에도 그림자를 보았습니다.

도담 삼봉

바쁘게 달리던 강물이
쉬어가는 호수 위
멋지게 솟구친 세 개의 섬
정도전이 노닐던
떠 있는 기암괴석이라네

신비로움을 간직한
자연이 빚은 매력이지

덕산 가는 길
쉬어가라고 손짓하는 삼봉
넉넉한 담수 내려다보며
설렘 한 아름 안고 주저앉아

정갈한 몸으로
호수에 마음 내려놓고
오랜 벗과 정자에서 즐기는
곡차 한 잔이 즐겁다

앉은뱅이 술 먹은 과객처럼
일어설 수 없는데
하루 일을 마친 지친 해가
부러운 듯 바라보는 늦은 오후

참 좋은 당신

노을이 멋지다고 즐거워 말자
곱고 예쁜 게
오래 머물진 않더라
견딜만하니 여름은 가고
보내려 하니 꽃이 피더이다

영영 머무는 게 좋은 것만은 아니지
머물고 싶지만
금방 찬 서리 내리고
머리엔 흰 눈 내리더이다

미워 말자 당신아
서러워도 말자

봄 되면 싹이 트고
빛 내리면 열매 맺잖아
지우고 싶은 일들은 물 흐르듯
그냥 그렇게 흘려보내는 거야

일 힘들 때 손잡아 주고
예의 갖춰 밀어주는
참 좋은 당신

깊을수록 좋은 밤

안기는 기분이 좋다

지구 품에 안기어
피로를 풀 수 있어서 좋다

무거웠던 하루
달빛에 딸려 보내고

망각에 젖어
점 하나도 잊을 수 있는 밤
무념무상이 좋다

유채 이탈

또 공중 부양이지
내가 아닌 또 다른 내가 되어
위에서 내가 나를 내려다본다
날개도 없이
몸이 해탈을 하여
물끄러미 내려다보는 난
또 다른 나를 만난다

피곤해 지쳐 누워있는 나를 보며
안쓰럽기도 하고
대견하기도 하고
만감이 교차를 하지

피비린내 나는 속세 속에서
많은 세월 버텨냈고
많은 날들 헤쳐 나가야 하는 난
오늘도 안식을 취하며
천근만근 누워있는 나에게 들어와
한 몸이 된다
햇볕이 나를 두들길 때까지

동행

불혹인가 싶더니
어느덧 지천명이 저무는 이때

무지갯빛 꽃 피는 봄이 아름다워
오래 머물러주길 바랐으나
벌써 마음엔
가을이 주렁주렁 열여있다

노을이 아름다워도
밤이 깊으면 자취를 감추고
젊음이 좋아도
오래 머물러주질 않으니
어찌 세월만 탓하랴

중후한 미소 지으며
함께 걸을 수 있는 벗이 있어 좋고
세상을 볼 수 있는 눈이 있어 좋다

서로를 믿고 동행하는 그대
바로 당신이 있어 좋다

미소 공주의 날갯짓

동이 트면 새소리가
귀에서 떠날 줄 모르고
초롱 한 눈망울로 새소리를 바라보며
숨 쉬는 산이 보기 좋아
넋 놓고 바라보면서
기쁨이 곁을 떠날 줄 몰라
늘 손아귀에 행복이 머물렀지

아들의 재롱으로 행복을 꿈 꾸며
꿈같은 미래를 저금해 놓았던 그녀가
뼈가 굳어지는 악의 시샘에
하반신 마비가 되는 감당할 수 없는
앉은뱅이가 되어버렸어

한창나이에
하늘이 땅에 떨어져 나뒹굴 때
머리는 철사 수세미가 되고
젊은 나이에 백발이 된 그는
아무것도 할 수 없는 화석이 되어버렸지

천사의 삶은 또 다른 천사인
노래하는 천사의 도움으로
다시 깨어나
맑은 새소리를 듣고

숨 쉬는 세상을 볼 수 있는
감사의 눈을 떴지

알아주는 이 없어도
묵묵히 천사들을 돕는 또 다른 천사
세상의 빛과 소금이며 등불이다

화석이 된 천사의 가슴에
기쁨 가득 넣어주고
공연을 끝내며 다소곳이 날개를 접는다

받는 기쁨보다 주는 기쁨이 크다며

오늘은 그냥 취하고 싶다

술이 고픈 날 시간을 잡아놓고
흠뻑 취하고 싶다

소주병 속에 녹아있는
내 마음에 취하고
맥주잔에 어리는
그리운 친구에 취하고 싶다

비틀거리는 일상에 취하고
널려있는 일에 취하고
아귀에 거머쥔 일에도 감히 취하고 싶다

바빠서 찌든 삶에도 취하고
내게 주어진 삶에 취하고
만들어가는 삶에 녹아
다가올 삶에도 취하고 싶다

깊은 사랑에도 취하고
잊혀 저 묻혀있던 사랑에 취하고
현실에 머문 사랑에도 취하고 싶다

취하고 또 취하면
아마 웃을 때가 많겠지만
쓰라린 눈물 흘릴 때도
종 종 있을 거야.

로망(roman)

넘고 넘다 쉬어가는 그곳
구름이 널려있는 곳
때가 타지 않은 곳
물 줄기가 시작되는 그곳

거기 양지쪽에 오두막 지어
풀벌레 소리 들으며
바람 소리 벗 삼고
멈춘 시간과 담소 나누며
그렇게 살고 싶다

서툰 풀피리 불고
덜 익은 시 쓰면서
연속된 후회와 착오는 뒤로하고
말없이 때 묻지 않은 공기와 더불어
곱게 물든 삶 살고 싶다

김치찌개 쟁론기

한겨울 식탁 위에 얼큰한
김치찌개가 춤을 추고 있다

돼지고기와 김치가 아우러져
10리 밖에서도 뱃가죽이 등짝에 붙은
배고픔을 끌어당길 기세다

그런데 끓고 있는 냄비 속이
요란하고 시끄러운데
온갖 재료들이
자기가 있어서 최고의 맛을 낸다고들
난리법석이다.

고춧가루는 내가 들어가서
국물도 먹음직스럽게
빨갛고 식욕을 돋우니
내가 최고라고 힘을 주고

마늘은 자기가 향을 내서
더 맛있는 찌개가 되었다고 하니
고추가 바짝 들고 일어섰다
매콤한 맛을 내는 고추야말로
최고의 공신이라고 한다

그걸 지켜보던 돼지고기가
한마디 한다
조용히들 해
내가 없으면 앙꼬 없는 찐빵이야

얌전히 지켜보던 김치가 나섰다.
잘들 놀고 있네
야!야!야!
김치찌개에 김치가 없으면
그게 김치찌개냐 ~!!

부질없는 세상 내 것 아니니

세월은 흘러도 물은 옛 그대로인데
사공은 보이질 않고
배는 또 어디로 갔는가

모진 풍파 속에도 산과 들은 변함이 없고
구름도 옛 그대로인데
옛 친구 간 곳 모르겠구나

구름 속 달 가듯 세월은 가고
젊음은 기다려주질 않으니
세상에 물든 인생 덧없더이다

◇水上古舟河處遷◇
 [수상고주 하처천]

그리움 하나 심고 싶다

나 그리움 하나 간직하고 싶다
멀지 않은 곳에 예쁜 꿈이 있는 곳
이성이면 좋겠지만
꼭 그렇지 않아도 좋겠다

나 고운 사랑 한번 해보고 싶다
가깝지도 멀지도 않은 곳에
예쁘고 멋지면 좋겠지만
꼭 그렇지 않아도
마음이 고운 사람이면 좋겠다

그렇게 바라볼 수 있는
그리움 하나 심고 싶다

차 한 잔에 생각나는 사람

차 한 잔에
생각나는 사람이 있습니다
편안한 마음을 가진
대수롭지 않은 얘기를 해도
끝까지 들어줄 수 있는
그런 사람과 차 한잔하고 싶습니다

차 한 잔에
머물고 싶은 사람이 있습니다
밤새 이야기를 해도
뜻 없는 수다를 떨어도 달게 들어주는
그냥 옆에만 있어도 기분 좋아지는 사람
그런 사람과 함께 머물고 싶습니다

차 한 잔에
사랑하고 싶은 사람이 있습니다
진한 사랑이 아니더라도
그냥 넋두리 들어주고
마음 나눌 수 있는
그런 사람과
참사랑하고 싶습니다

백지에 그린 당신

당신이 그리워
아껴두었던 종이 위에
예쁜 글씨로 즈려 쓰고
사랑스레 그려서 곱고 곱게 접어
서재 깊은 곳에 감추어 두었지요

당신이 보고 싶어
각인된 당신 모습을
아리도록 숨겨두었던
잠자던 마음속에서 어렵게 꺼내보지만
그때의 그 모습은 찾을 수가 없구려

종이에 그리고 마음에 담아도
그리운 마음을 지울 수가 없는 건
아마도 내가 당신을
사랑하고 있나 봅니다

가시 돋친 선인장

삼삼오오 모여 앉아
예쁜 꽃을 피우는
가시 숨긴 선인장
대화의 꽃은 피고
낯설지 않은 이야기가
짧은 하루의 소중한 시간을
빼곡히 채워간다

길어진 대화를 따라나선
심술
돌담에 모난 돌처럼
가시 돋친 이야기가
줄을 서고
그걸 바라본 상대는
가슴이 아려온다

도처에 가시는 설치고
찔린 여린 잎에 상처는
진물이 터져
치유할 수 없는 응어리에
정의는 뒷짐인데
입에선 해독하지 못할
이야기만 난무하다

떠난 자리엔
못다 한 이야기가 가득 찬
술병만 나뒹굴고
쿠린 잔재만 남아
점점 고요해지는 밤을 헤맨다

세월은 머물지 않는다

손으로 잡을 수 없는 세월은
그냥 놔 주자
잡아 놓는다고 더 쓸 수도 없는 것

주어진 시간을 잘 달래어
뜻있게 나에게 맞게 잘 쓰고
늦기 전에 보내주자

혹여 누군가 쓰다 버린 시간 있으면
주워다 쓸 수도 있겠지만
그런 경우는 없어

오늘 내게 다가와 비추는 햇볕도
몇억 광년 전에 떠나온 것일 수도 있겠지

내가 허비하고 있는 시간은
원래 있던 시간인지
아님, 억겁의 세월을 지나
이제 도착한 시간인지 알 수는 없지만

그 시간에 묻혀
살고 있는 건 우연일 수도
아니면 기적일 수도 있겠지

시간을 초월해 세월을 공유하고 있는 내게
허상의 공간은 내게 말없이 머문다

할머니의 단풍

물들지 마라
물들면 같은 사람 된다

철이 들면서 알았지
세월 가면 물드는 것을

봄 연둣빛 녹음 자랑해도
가을 되면 붉은 물드는 것을

노을은 짧더라

여름꽃 질 무렵 입추 지나
코스모스 가녀린 미소 지으며
오는 가을 바라볼 때

하늘은 점점 높아져
금빛 벌판은 너울대고
한 철을 마음껏 즐기는 메뚜기는
내일을 아는지 모르는지
살기에 급급해 먹는 것에 정신 팔려
뻐꾸기에 잡아먹혀도 모르더라

인생 뭐 있냐고 묻지 말자
산전수전 다 겪고 편히 살아야 할 때쯤
병들어 골골하며
죽어가는 인생 안타깝기 그지없더라

진홍 노을이 아름답다고
노을빛 환호하며 즐기지 말자
즐기려면
태양이 높이 떠 있는 젊음에
힘껏 떨어지는 태양 빛 아래서
맘껏 즐기자
화려한 노을은 짧더라

품새 좋을 때
마음껏 즐기고 마음껏 누리자

미로

어떡하죠?

내가
그대 마음에 들어갔는데
나가는 길을 못 찾겠어요

어떡하죠?

그대가
내 마음에 들어왔는데
나가는 길을 못 찾나 봅니다

꿈길

멈출 줄 모르는 시간은
세월을 잊은 채
철 없이 흐르고

눈꺼풀은 자꾸 주저앉아
몸뚱어리
수평이 되어라 짓누르네

이제
쏟아지는 잠을 빌아 들이고
꿈을 주워 담으려
쥐었던 짐을 내려놓습니다

모내기와 이팝나무

바쁜 일상
삶의 흔적들이
오고 가는 길목에
이팝나무 꽃이 웃고 있다

저 꽃을 볼 때마다
왜 난 자꾸
숨죽인 눈물이 날까

어릴 때 모내기 날
이 밥 먹던 생각에
감추었던 설음이 울컥

집 나간 꽃향기

바람이 꽃잎을 스칠 때
힘겹게 버티며 잡아 보지만
끝내 향기는 떠나고 말았지
품에 가두어 둘 수가 없었던 거야

떠나버린 향기는 이 꽃 저 꽃
사방을 기웃대며
정착할 곳 못 잡고
천지를 돌아다니며 몸 붙일 곳 찾아보지만
부딪치는 건 설움뿐이었어

천신만고 끝에 돌고 돌아
제집을 찾았을 땐
이미 몸담았던 꽃은 떨어진 뒤였어
어쩔 수 없는 이별이었지만
응어리진 상처는 씻을 수 없고
때늦은 후회의 눈물은 사치였지

3부
봄 마중

소화의 자존심

고결하게 간직했던
사랑의 응어리가
걷잡을 수 없이 분출해
묻혀있던 뒤틀린 슬픔을 감추며
철옹성 같은 벽을 월담한다

뭇 바람 불어도 흔들리지 않고
시련의 찬 서리도 견뎌냈지
어차피 한 번은
뛰어넘어야 할 운명
흩어진 모습 보이기 싫어
도도하게 낙화하지
혹여라도 임 지나는 길 눈길 줄까 봐

새봄의 사춘기

봄 열리는 소리에
바람난 목년(목련)이 잉태를 해
곧 출산을 하려나 보다

겨우내 잠잠하더니
부는 바람기를 걷잡을 수 없어
너도나도 바람질에
온 동내가 뒤숭숭하단다

노란 원피스 입은 개나리
연분홍 치마 수줍은 진달래
복사꽃도 질세라
뒤태를 흔들며 암내를 풍긴다

아직 벌들의
매운맛을 모르는 거지
철이 덜 든 어설픈 계절에

그래 너 봄이로구나

막 깨어난 새봄
자욱한 안개를 헤치고
행복의 새 날을 준비한다

펑펑 터지는 꽃망울 소리는
겨우내 숨죽여 지내던
생명의 숨결
두꺼운 껍질을 뚫고 나오는
거친 숨소리는 세차다

속이 비어 있는 새소리
갓 깨어난 물소리
인간들의 거친 숨결
병아리가 헤쳐나가긴 힘겹지만
꿋꿋이 고개를 내밉니다

움츠린 봄
어깨를 활짝 펴 예쁜 꿈 꾸며
행복의 날개를 활짝 펴려무나

목련꽃 政治

알몸으로 깨어나는
잉태한 꿈들
봄이 수줍다

버선코 앞세운
하얀 목련의 비련

꽃무늬 양산
하늘 받혀 이고
한걸음 나들이하네

웃는 꽃도
때가 되면
낙화의 아픔이

봄을 타 나봐

당신 모습이
그리워지는 계절입니다

지난날들이
소홀하지는 않았는지

문득 당신 생각에
지워져 있던 흐린 날들이
아려옵니다.

나비의 꿈

봄이 내려앉는 날
목련나무엔 흰나비가
흐트러지게 피어있겠지

동네 어귀에
아지랑이 아른거릴 때
누구나 반기는 봄이지만
또 할 일 이 하나 있다

겨우내 굶주린 마음에
알토란같은 속을 채우고
시들던 심장에 꽃을 피우는—

연둣빛 드레스에 꽃단장하고
너울 구름 타고 오는
당신을 맞이하렵니다.

출근길 속삭임

잠에서 깬 햇볕이 참 힘차다

앞에서 먼저 지나간
구두 발자국 소리가
보도 블럭 위에 두텁게 늘어져 있고
처음 마주친 24시 편의점 아저씨는
앞 뜰에서
밤새 손님들이 흘리고 간
흔적들을 줍느라고 아침이 짧다

신작로 은행나무 밑 이팝나무는
고봉밥 유혹으로 아침을 거른
샐러리맨들의 허기를 재촉하고
하루 중 제일 바쁜 이 시간
자동차들은 서로 경쟁을 하며
밤새 참았던 노폐물을 내뱉는다

무리에서 도태된 때 까마귀 눈에는
고향의 그리움이 선명한데
삶의 줄을 붙잡은 상인들의
분주한 움직임이 아지랑이처럼 피어오른다

봄볕이 곱다

겨우내 얼어있던 햇볕에도
꽃향기가 묻어나
연둣빛 봄을 데려오고

철을 잊은 꽃샘 이도
핑크빛 봄을 알리려
미처 떠나지 못한
게으른 겨울을 쫓아내내

봄은 무슨 색일까
연둣빛, 분홍빛,
아니
곱게 내려오는 햇볕의
오렌지빛일까

나른한 오후
멀리 벤치에 내려앉아
미소 지으며 쉬고 있는
봄볕이 참 곱다

亡國의 비애(悲哀)

숨죽이고 묻혀있던 민초
들뜬 새싹이
희망을 품고 꿈틀거린다

인고의 세월을 참아왔지
구두 발자국에 짓 늘려
슬픔을 토해낼 수조차 없었지

끓어오르는 피를
내뱉어야 하는데
답답한 가슴
두 손으로 두드려 보지만
이미 응어리진 가슴
어쩔 수 없다

서 있는 세상이
뒤집어져 가는 걸
바라만 보며 각혈을 한다

4月 봄이 익을 무렵
타는 가슴 조이며
심판의 날을 기다려보자
난, 자유를 꿈꾼다.

치자 꽃향기

겨우내 참아왔던 꽃치자의 꿈
올해도 어김없이
하얀 양산을 펼쳐 들고
고운 향기를 내뿜고 있다

마음을 흠뻑 빼앗아 가는
하늘 높이 떠다니는 향기에
솜사탕도 미소 지으며
부드럽고 달콤한 손짓을 하지

언제나 나들이할 때면
옥색 원피스에 하얀 양산을 쓰고
분신이 되어버린
그림자를 이고 다니시던 할머니

치자꽃 필 무렵
손에 잡힐 듯 와닿는 향기를 따라
양산 밑 할머니 등 뒤에서 머물던
하얀 추억이 그리워진다.

봄바람에 가슴 베이지 말자

웅성웅성 말늘이 말馬처럼 날뛴다
비호같이 날아
정착할 곳 없이 이리저리 헤매다
악마의 무리 속에 휩쓸려
걷잡을 수 없는 고삐 풀린 말

걸러지지 않은 언어를 쏟아내며
소멸되지 않는 세포를 털어놓지

웃음은 구석진 곳에 방치한 채
세치 혀 날 선 칼날을 휘두르며
선량한 세포를 그냥 놔두지를 않고
날뛰며 망나니 칼춤을 춘다

선과 악의 구분이 어디더냐
세상은 파랗게 보일 뿐
달빛이 내려앉은 곳 엔 유혈이 낭자하다
혀에 찔려 붉은 물이 넘쳐흐르고
정의는 찾아볼 수 없다
푸르러져 가는 봄날 떠도는 칼날에
가슴 베이지 말자.

할미꽃 필 무렵

여백만이 파노라마처럼
하얗게 몸부림치던 겨울을 지나
담장마다
들판마다
온 산에 추억이 그려진다

앞집 담장엔 개나리
옆집 담 밑엔 봉숭아
쓸쓸히 혼자 서 있는 전봇대에는
나팔꽃 그림이 그려지고

할머니 산소 옆에는 할미꽃
할아버지 잠든 바위 밑엔 진달래
마음 넓은 들판엔 민들레꽃이
하얀 도화지에 여백을 메운다

미소 짓는 봄
할아버지 할머니가 두고 가신
따뜻한 마음
가슴속에서 꺼내 보는 날

미련

가려는 둥 마는 둥
오려는 둥 마는 둥

갈까 말까
올까 말까

피려는 둥 마는 둥
지려는 둥 마는 둥

필까 말까
질까 말까

꽃샘 시샘에
가지도 오지도 못하고
피지도 지지도 못하네

소리 없이 봄은 내리고

하늘에서
봄이 흘러내린다

차갑던 긴긴 한숨소리에
나뭇가지가 정신을 차리면
숨죽였던 꽃 망울
아리게 돋아나
솜사탕 같은 소망이
아지랑이처럼 피어난다

그, 소망 앞에
봄꽃을 기다리며
소리 없이 서 있는 너

그대 봄 나의 곁으로

봄꽃이 예뻐 보이는 건
추운 고난을 겪었기 때문이 아닐까
지긋한 겨울을 보내고
딱딱한 표피를 뚫어야만
피울 수 있는 게지

계절이 주는 즐거움
한 줌의 바람도
그냥 떠나보내기엔 아깝다
그 바람이 어깨를 스쳐서
전에 있었던 인연에 닿을 수도 있겠지
그런 바람에 실려
홀연히 그곳까지 가고 싶다

마음을 녹이는 꽃바람

봄 마중

마음이 녹아내리면 봄 마중을 가자

아쉬운 겨울이 메시지를 보내왔다
내년에 올 기약 점 하나 찍어놓고 간다고

질리지 않는 풍경
봐도 봐도 밉지 않은 꽃
가슴 베이는 겨울 지나 만나는 새로운 세상
그래서 봄은 낯설지 않고
설렘으로 다가와 포근하다

피해 갈 수도 없는 겨울
기다려도 때가 돼야 오는 봄
이제 가까이에 와 있다

만져질 듯 피어오르는 아지랑이
금방이라도 눈망울을 터뜨릴 것 같은 꽃망울

노래가 절로 나오는 봄은
그렇듯 늘 새롭다
아침에 눈을 떠 새 세상이 열리듯

꽃은 피고 또 지고

그 아파트엔 언제나
Four Seasons(사계절) 꽃이 피어있다
현관부터 지천에 널려있다

천사같이 곱게 핀 보물단지
애지중지 꽃망울이 피어오른다

웃음이 창밖으로 새어 나가
정원 벚나무에 주렁주렁
목련 나무에도 주렁주렁
웃음꽃이 가득가득 열려있지

사계절 지지 않고 시들지 않는
사랑의 꽃
실바람에 흔들리는 몸짓에도
까르르 웃게 되는
올봄엔 더 활짝 피어 함박웃음이다

내가 가는 만큼 세월도 가더라
그 집엔 예쁜 꽃 손주가 살고 있다

봄의 왈츠

차디찬 지난날
무명 연 줄에 매달려있던 겨울
그 싸늘함이 떠난 후
낮에는 초여름
밤에는 초겨울인데

온 세상이
빨간 장미 향으로 가득 차
마음도 붉어오고
지나는 사람들의
옷차림이 가벼워지니
곰삭은 봄이 춤을 춘다

나른한 커피숍

늦은 봄 햇살에
천천히 녹아드는 나른함

시원한 커피가 그리워지고
잊힌 친구가 그리워지는 이 시간

멍 때리고 창밖을 바라보는
외로운 시선
겹겹이 쌓인 그리움이
갈 길 먼 처진 오후를 붙잡는다

청보리가 영글어가는
마음을 다독이는 오후

밖에는 삶의 밧줄을 움켜잡고
생을 쫓는 발걸음들이
고되게 분주하다

봄비

하늘이 우니 땅도 운다

봄은 왔건만
모질게도
춥던 겨울의 잔재는 남아
저 멀리 보이고

역겹고 쓰라린
아우성들만 허공을 찌른다

정의는 사라지고
편법과 불법만 나부끼는
퇴색된 지문의 충고

진리는 있는 건가

삶의 언저리에서 묻는다
뭐가 옳고
뭐가 그른지

초침은 쉬질 않고
귓전을 때리고

멈추질 않는 뛰는 심장은
봄비에 녹아내리는
혈기를 다독인다

그리움

겨우내 얼어 굳어있던 봄
기지개를 켜고 일어서는 계절

꿈을 잉태한 꽃봉오리들이
작지만 큰 꿈이 꿈틀대는 시간이다

하얀 서리를 다독이고
봄이라는 연둣빛 핑크가
또 생기를 찾는

봄 마중

혼자 맞이하는 봄은
외롭습니다

둘이 맞이하는 봄은
즐겁습니다

그러나
친구와 맞이하는 봄은
행복합니다

마음의 향기

봄날 문득 길을 가다
가슴 한편에
꽃 향을 담았어요

개다리, 진달래, 목련

그러나
내, 마음엔
그대를 담았어요

고운 당신 모습

봄날

맑은 하늘 뭉실 구름
산과들엔 웃음꽃
벌 나비 사랑 나누니
참 좋은 계절이네

봄날 2

개나리꽃 살구꽃
우리 집엔 웃음꽃
형제자매 의좋으니
참 좋은 가정이네

4부

여름과 겨울

이제는 안녕

용광로보다 뜨겁던 여름
태양도 제풀에 녹아
흘러내릴 거 같더니
이제는
조금 지쳤나 보다

가는 여름이
아쉬운 매미들은
바락바락 악을 쓰지만
떠밀리듯
계절의 순리를
거슬릴 순 없지

떠나는 여름은 등줄기에
땀이 마르고
창밖엔 귀뚜라미
날갯짓 소리가 희미하다.

참 매미의 절규

늦여름 짝을 찾는 마지막 절규
피를 토하는 울음소리가
고목을 타고 내려 또 땅속에 묻히면
7년이라는 오랜 수행을 감수하면서
밝은 날을 기다리며 암흑에 묻히지

눈물 없는 울음의 끝은
생이 얼마 남지 않았음을 알고
짝을 찾는 부르짖음 이었으리

향수를 느끼게 하던 매미 소리가
도회지에선 시끄러운 공해로 전락했지만
아랑곳하지 않고 마지막 구애에
열을 올리는 매미는
바쁘게 살아가는 사람들의 메시지

각박한 세상에 쫓기듯 살아가는
현대인의 표상인 것을.

초여름의 비애 悲哀

땀은 세월 묻은 주름진 얼굴에
홍수가 나는데
더위를 식혀 줄 빗방울은
구름 속에서 몽상이다

이제 막 시작된 여름은
여백 없이 세상을 가득 채워
숨 쉴 수 없는 나를 그늘에 가두지만
미소 지으며 내려다보는 꽃들이
가두었던 그물을 훔치며
문밖으로 등 떠민다

검은 아스팔트를 헤매는
딱정벌레들도 발바닥이 따가워
종종걸음으로 귀가를 서둘러 보지만
끓는 땡볕을 벗어날 수가 없지

목마른 자들의 원성이 높다
제 할 일만 다 하는 눈치 없는 태양
벌써 한 성질하는 여름이
난동 부리는 걸 보니
올여름 찜통더위가 걱정이다

깊은 7월 속으로

사정없이 안기는 풀 내음
마음 빼앗아가는 푸른 숨소리에
지천명을 넘긴 삶의 무게가 숨 가쁘다

희로애락 애환을 품에 안고
언제나 포근하게 감싸주는 7월
그, 7월이 참 행복해 보이니
엔도르핀이 주렁주렁
내 마음도 푸르구나

꿈꾸는 꽃들의 속삭임
풀벌레들의 짝짓는 아우성
아직 낯선 7월에서
생존을 위한 군불을 지핀다

비 오는 날의 회상

비가
내 옆을 스쳐 지나간
사람들을
그립게 만든다

사랑이라는 자리에
그립다는 웅덩이를
비가
가득 채워주길

세월의 아픔

끝없는 장마의 횡포
폭염, 그리고 8월의 비애

묽어버린
여름날의 응어리를
누가 다 덮어줄까

바람과 함께
부지런한 시간은
고삐 풀린 듯 흘러가고

욕심을 버리면
인생은 솜털 같거늘

속세를 떠나지 못한
塵人진인 들이
행복을 버리 누나

시간은
멈추어주질 않는데
어느새
사기그릇에 비친 하늘이
옥색이로다

밤 손님과 곡차

지나던 어설픈 바람이
쉬지 않고 달리는
밤을 잡아 놓는다

마지못한 밤이
잠에 취한 나를 보고
곡차 한잔하자 그러네

뿌리칠 수 없어서
지나는 시간을 붙잡고
짬을 낸 밤과
곡차 한잔하려 하네

갯 메꽃 증언

저 메꽃은 보았을까?
지나는 여인들의 뽀얀 속살을

그리운 꽃술의 그리움
방탄한 향기가 배어있는
선 술집에서 탁주나 마셨을 만한
부서진 모래밭에
낮게 엎드린 품새

보름달 뿌옇게 달무리 질 때
고운 연인들의 사랑 바라보며
헤아릴 수 없는 뭇 이야기
숨어 듣고 애태우고
숨결 고이 간직하며 꽃피웠겠지

백야에 외진 곳에 핀 메꽃들의 독백
꽃을 찾아 든 벌 나비
날개를 접고 쉬면서 속세를 떠난
고운 숨결을 떠올린다

모래밭에 떨구어진 땀 냄새에
숨소리도 멈추어진 세월
말할 수 없는 비밀을 간직한
모래사장 변에 발랄 한 갯 메꽃 무리
경포대에 감추어진
잊어저가는 아련한 추억

바람엔 계절이 숨어 있다

뛰는 가슴,
숨 가쁘게 펄럭이는 여름,
매미의 절규가
더위에 취한 심장을
찢어놓듯 울어댄다.

어디 머물러도
푸대접받는 더위는
주눅 들지 않은 해맑은 모습으로
천진난만하게 웃고 있다.

봄꽃의 설렘은 잊히고
푸르른 여름 산야엔
찌든 세월을 닦아주는 바람이
마음의 안식을 부른다.

여름도 가는 것이지.
간간이 스며드는 바람 속에
가을이 기웃거린다

아아 잊으랴

6월 장마의 빗방울 수만큼이나
많이 쏟아지던 총탄
그 총탄에 뚫린 철모가
세월의 무지함에
구멍 나 녹슨 채로 나뒹구는 모습에서
아련히 잊어지는
용사들의 거친 숨소리가 희미하게 들린다

피로 지켜낸 이 나라
선열들의 희생이 없었다면
이 좋은 나라
이 좋은 세상을 살 수가 있었을까
구멍 난 철모 사이를
마음대로 드나드는 바람처럼
우리는 행복과 자유를 누리지만
잊어져가는 피는 잊지 말자
이름 없는 비목과
구멍 난 철모의 숭고함을.

그렇게 또 여름은 지나가고

질긴 장마가 지나간 후
장독대 위 잠자리 한가롭게 담소 나누고
이웃집 아주머니 혹여
고추장 된장 상할세라
멋처럼 열린 하늘 보며
장독 뚜껑 열어 볕을 담는다

수줍은 볼에 이슬 머금은 능소화
바깥세상 궁금한지
속세를 엿보는데

유난히 긴 장마에
주눅 들었던 이끼와 풀벌레
이제는 살았다고 너스레를 떤다

소달구지 달리던 농로는
까만 아스팔트로 덧씌워진
신작로로 변했고
지켜본 가로수 나무엔
매미 울음소리가
잊었던 향수를 달랜다

신작로 옆 꿈을 심어놓은 논에서는
하얀 베적삼 입은 할아버지가

풍년의 꿈을 안고
피 뽑느라고 여념이 없고

긴 장마에 빼꼼히 내민 햇볕에
호박 썰어 말리는 할머니는
손주들 먹거리 만드는 생각에
연실 콧노래를 흥얼흥얼

아이러니

계절의 횡포가 범람해
마음도 유실되고 몸도 유실돼
유족들의 삶도 유실시킨 심술궂은 폭우

삶의 자투리가
강가 버드나무 가지 끝에
힘겹게 매달려있는 걸 알았을 땐
이미 강둑은 터지고
천둥소리에 놀란 산 사태는
체념한 듯 쓸려 내려가고 있었다

지하 차도로 물이 쏟아져
아우성이 허공을 헤매도
어쩔 수 없는 천재지변이고
어쩔 수 없는 삶의 일 부분이지만

같은 날 태어나 누구는 일찍 가고
누구는 지루하도록 느리게
떠나는 삶이 참 아이러니해

머물러주지 않는 시간

얼어붙었던 아지랑이가
살살 기지개를 켜는 거 보니
봄이 깊이 무르익어가 나보다

이미 깊숙이 들어온 봄의 기운
그림자도 한낮 땡볕에 취해 흐느적 거린다
여름이 기웃거리는 거지

머뭇거리지 않는 부지런한 시간
세월 가니 구름도 가고
바람도 따라가더라

삶의 자투리가 흔적처럼 남아
바람에 밀려 흩어지는 공간
허비한 시간을 잡아 둘 수 없는 게 아쉽다

이름 모를 꽃

그대가 매일 걷는 길목에
이름 모를 꽃이 되어
당신 발자국 소리를 들으며
곱게 피어있고 싶어

어느 여름날
그대가 날 알아보고
함박웃음 지으며
그대 입술에
입맞춤할 그날까지
나는 이름 모를 꽃으로
피어있고 싶어

봄, 여름, 가을, 겨울

아지랑이 피는 계절
오색 꽃 만발하여 마음 설레게 하던
화려한 옷도 벗어 버리고

녹음이 우거져
천지에 녹색 물감 풀어놓은 날도
걸쳤던 옷 훌훌 벗어 버렸어

누리를 색동으로 물들여
뭇사람들에게 즐거움 주던
만추의 옷도 다 벗어 버리고

하얀 벌판 위에
모든 것 다 숨겨 버리고
손에 쥐었던 삶의 무게도 다 내려놓았어

이제 쥔 것 없고
놓을 것도 없으니
마음이 한결 가볍습니다

어느 휴일 아침

지 아무리 성질 사나운 추위라도
진달래 피고
아지랑이 아른거리면
뒤춤 감추고 말없이 고개 떨구더라

방음창 비집고 들어오는 햇살은
멋처럼 집에서
침대를 지고 있는 나를
사정없이 내리 쪼며
가만 두질 않았어

다정한 날 씨
미소 짓는 꽃망울
실눈 뜨고 부르는 햇살

그래 나가자
바람에 날리어 흩어지는
시간이 아깝잖아
봄 추억 한 아름 만들어
겹겹이 쌓아놓자.

희망

움츠리지 마! 봄은 오는 거란다
차디찬 겨울 지나면 봄은 오는 거란다
눈 내리는 엄동설한 지나면
꽃이 웃고 얼었던 햇볕이 미소 짓는
그런 새봄이 오는 거란다

포기하지 마! 성공할 수 있어
조금 늦으면 어때 노력하면 되지
힘들고 어려운 날 이겨내면
밝은 빛이 마음속을 훤히 비춰줄 거야

그런 거란다 그런 날은 오는 거란다

이별의 아픔

찢어져 속 타는 마음 어찌하나
매일매일 미소와 시선을 주면서
정을 주더니
하루아침에 이별을 고하며
미련을 떨구지

잊지도 않고 한 달에 한 번
일 년에 한 번씩 연례행사

통통하던 몸매도 다달이 야위어
피 죽도 못 얻어먹은 양
연말에는 배가 등짝에 붙지

찢어지는 아픔
내동댕이쳐지는 이별
그대는 이 마음 알려나

슬픔을 감추며 후미진 벽에
가까스로 매달려있지만
또 한 장의 달력은 찢긴다

겨울날의 왈츠

눈雪 없는 겨울
겨울답지 않는 겨울이
헛기침을 한다

아무렇게 벗어던진
가을날의 흔적들은
이리저리 나뒹굴고

연둣빛 꿈을 꾸는
새 생명은
지친 낙엽 속에서
곤한 단잠이다.

도둑 눈

검은 그림자가 스쳐 지나갔어
산그림자도 잠든 시간에 말이야

도둑은 유전자가 특별하다 그랬지
가슴이 떨려 밖을 보았는데
이상했어
대낮보다 밝은 공포의 밤
도둑이 내려앉은 거야
도둑도 내 모습을 보고 놀란 듯
하얗게 질렸어

너 도둑이지?

밤새 소리 없이 온 세상에 내려와
모든 것을 접수했지
하얗게 다 질려 버린 거야
도둑눈이 오면 풍년이 든다지
올해 보리농사는 풍작일 거야

도둑은 가고 날은 밝았어
밤새 도둑과 숨바꼭질한 몸이
천근만근
도둑 눈을 가득 담은 눈동자
껄끄럽게 아려와
무거운 눈꺼풀이 내려앉았어

가을이 머문 자리

바람이 가을을 떠나보낸 자리
떨어진 가을 조각들이
힘 없이 나뒹굴며 뿔뿔이 흩어져 있다

허공에 매달려
천년의 먼지를 뒤집어쓴 목어의 그림자가
바다로 가고 싶은지
서서히 길어지지만

돌아갈 수 없는 계절
돌아올 날을 기다리는 그 무엇
떠난 것을 기다린다는 건
무의미한 짓

휑한 초 겨울
결 고운 햇볕이 그립다

한겨울의 굴레

동지 지난 긴긴밤이
묵묵한 돌담 넘으니
어슴푸레 남아있던
가을 향기가 자취를 감춘다

한 겨울로 가는 샛길에서
흩날리는 낙엽 위로 국화 향 그리워
머뭇 거리는 노을빛이
내 맘 같구나

눈밭에 천사인 양 쉬고 있는
감추고 싶은 감정이 숨을 죽여
뜻하지 않는 함박 눈에
모든 것이 지워진다

멀리 피어오르는 물안개처럼
젊음의 기억은 점점 희미해지고
배부른 애드벌룬의 꿈처럼
고요한 바다로 떠나는 雪눈 물은
포근한 엄마 품이 그리운 게다

진달래꽃이 그립다

얼어붙은 땅을 뚫고
잠에서 깨 피어오르는
아지랑이가
저 멀리 보인다

가슴속 깊이 박혀있는
수정 같은 얼음
봄이 그리운 게지

맴도는 바람이
손끝을 아리게 하지만
떠나야 한다는 걸
느꼈을게다

보내는 마음

2월의 하순
겨울이 떠나야 할 것을 아는지
어깨가 처진 채 힘이 없다

겨우내 쓸쓸히 지내던 테라스
그 의자에 앉아 차 한잔하려는데
곱게 단장한 햇볕이 옆에 머물며
환한 미소로 물끄러미 바라보는 눈이
왜 그렇게 맑은지

그래 이제는
겨울이 떠날 때가 되었나보다

보내는 마음도
떠나는 마음도
편치는 않은듯하다

움츠렸던 겨울 떨지 말고 잘 가거라

추억 어게인

차갑게 식은 기온이
날리는 눈발을 비집고
들어온 날

움츠려 집안으로 다 숨어버린 숨결이
백사장 개미처럼 바닥을 헤맨다

잊혀 흩어졌던 헤아릴 수 없는 추억을
하나둘 모아보지만
휑한 찬바람만 가슴을 찔러
꿈 많던 어린 날 추억은
삶에 짓밟힌 채 잊힌지 오래인데

돌아갈 수 없는 날들을
소환할 수 없어
저린 가슴만 움켜쥐지

봄을 기다리는 초겨울의 서사

떨어지는 햇살마저 얼어붙게 만드는 초겨울
몸을 움츠리게 만드는 바람이
온몸에 겨울이 왔음을 느낀다

느닷없이 찾아온 겨울
가을도 할 일 을 못다 하고
떠날 채비 없이 가버렸는데
세상이 얼어붙은 건
아마 계절 탓만은 아니겠지

가버린 계절에 휩쓸려 떠났지만
얼어붙은 겨울 속 엔 말 못 할
사연이 있을 거야

가는 건 사정 없이 가고
오는 것 또한 예고 없지만
몇 개월 사이에 변해버린 너는
보는 낯이 낯설기만 하더구나

누구나 겨울은 겪는 거지
그, 겨울을 이겨내야 봄이 오는 걸
얼어붙은 땅속에서 잉태한 씨앗은 알꺼야
나는 그, 봄을 기다리는 거지

누구나 봄은 있는 거야

겨울에는 모든 게 얼어붙고
움츠리잖아

사람은 추워서 옷을 껴입고
짐승은 털갈이를 하면서
두터운 털로 무장하는데
난 궁금한 게 하나 있어

나무는 왜 옷을 훌훌 벗는 거야
그래도 봄 되면 안 죽고
다 살아있는 게 신기하고 의아해
나도 겨울엔 훌훌 벗어던지고 싶어

어렵고 힘든 거 다 잊고
다 지워버리고 싶어
겨울 지나면 봄이 오는 건
순리잖아

사는 게 그런 거야
힘든 거 넘기면 꼭 좋은 일 있을 거야
몸 구석구석 얼어붙어 있다고
움츠리지 마!

눈 많이 내리고 겨울이 추우면
다음 해 풍년이 든다잖아
터널이 길수록 인내하면
빛이 더 밝아 보일 거야

이제 겨울 시작이지만
걱정하지 마! 봄은 꼭 올 거야.

가을은 바람 타고 오나 봐

봄의 그리움이
여름에 맺혀
가을에 영글었다고

가을은
그냥 계절이 아니라
설렘이라네

단풍이 떨어져
가을이 아니고
단풍이 물들어 가을인 것을

그대도
가을바람 타고 오시려나

계절 속
깊이 넣어 두었던
오색 옷 갈아입고

낙엽 속삭이는 계절에
웃는 허수 앞세우고
너울 추며 오시겠지

꽃은 지고 가을은 떨어져

눈에 넣어도 아프지 않을 여린 손으로
거친 세상 이겨내려
엄마 품에 꼭 붙어 힘써 보지만
내 힘으론 어쩔 수 없어
머물 곳 없는 바람에 몸을 맡기지

이제 홀로서기를 해야 하기에
먼 방랑길에 오르며
이곳저곳 헤매다
후미진 곳에 이르러
봇짐을 풀며 한탄만 늘어 놓지요

바람의 시샘에 정착할 곳 없어
훌훌 털고 이사를 하지만

내리는 비雨에 깊게 쌓인 곰삭은 사연은
토해 낼 시간조차없이
신기루같이 사라져 숨바꼭질이네

시린 마음 녹아내릴 때쯤
하얀 겨울 지나면
민들레 홀씨
잃어버린 새봄 내게로 오겠지.

머리가 희어질 무렵

익을 대로 익은 단풍
바다가 하늘인지 하늘이 바다인지
보는 이가 착각을 하는 계절

한밤 소쩍새가 솥이 적다고
소쩍소쩍 밤새 흐느끼더니
올해도 허수아비 배부른 걸 보니
풍년이 왔나 보다

깊이 익은 가을은
연인들 속을 태우지만
비우고 떠나려는 가을의 마음은
편하지만은 않은걸

농익어가는 가을밤
내일은 서리가 내린다는데
서리가, 희어가는 내 머리 닮아
뒤돌아보지 않고 뛰는 세월이
괜스레 야속하기만 하다.

가을이 남기고 간 사연

이른 봄
이슬처럼 연약하게 피어났던 봄 잎은
지금껏 고운 꿈 밝혀 주더니
어느덧 이별의 시간이 다가왔나 보다

내가 널 바라보며 미소 짓고
네가 내 숨소리마져 좋다고 기뻐했지만
세월을 재촉하는 시간과 세월이
괜스레 야속하기만 하구나

수줍은 너를
나만이 소유할 수 없기에
가슴 깊이 남겨둔 추억을
고운 책갈피에 끼어두어
생각날 때마다 꺼내볼 수 있게
고이 간직하련다

달빛이 비치는 호수 위에
바람에 흔들리는 너의 흐느낌은
겨울이 가까워졌음을 알리지만
눈이 내리면 읽지 않은 사연도
하얗게 덮여 백지가 되겠지

밖에는 떠나려는 가을이 가늘게 떨린다.

풀지 못하고 멀리 가버린 그리움

가을비가 내리는 측은한 오후
때를 만난 우산들이 분주하다
내리는 설음을 막으려 안간힘을 쓰지만
한이 서린 빗물에 설음은 더하지

쏟아지는 빗 망울에 씻어도 씻어도
씻기지 않는 그리움
언제쯤 잔잔한 햇볕이 내려올까
얼마나 많은 시간을 쫓아야
터질 듯 커진 응어리가 소멸될까

낯선 발자국 소리 뒤로
지난 이야기는 거리를 가득 메우고
눈에선 풀지 못한 실타래
망각의 설움이 빗물과 섞여
굴곡진 볼에 썰매를 타네.

먼지 쌓인 추억

어느새 해바라기가 되어버렸지

쏟아지는 오렌지빛을 가슴에 안고
넘는 해를 바라보면 왠지 그 모습이
변해가는 내 모습 같아 괜스레 눈물이 맺힌다
사랑한 날 은 가고
사랑했던 날 도 갔지만
혼자 걷는 길이 외롭지만은 않다
떨어지는 태양을 이고
먼지가 쌓여있도록 꺼내보지 않았던
옛 추억을 펼쳐 보면
그래도 지난날은 후회 없다고
고운 눈망울에 미소가 머물며
처졌던 입꼬리가 올라간다
황혼을 바라보며
맑은 그리움으로 펼쳐진
저 수평선 너머로 물어 보 누나
내 삶은 얼마나 무거웠는지
아니면 얼마나 가벼웠는지

낙조에 어리는 추억이 가슴을 파고든다

겨울이 밀려오는 밤

가을이 가슴 깊이 파고든다
봄부터 써 내려간 그리운 엽서가
끝도 없이 떨어지는 가을밤
별빛에 물들어 흘러내리는 이슬이
한밤의 시름을 달래던 가슴에
가을을 재촉한다

적막한 밤은 정지된 듯
눈앞엔 어둠이 서성이고
껌뻑이던 간판 불도 눈을 감는데
취기가 가득 찬 선술집은
어깨가 처져 천근만근 힘이 빠지고
가을이 가득 찬 나뭇가지 너머
멀리 하얀 겨울이 보인다.

노을에 어리는 추억

선택받은 곰삭은 이야기만
책갈피에 곱게 넣었었지

저무는 노을빛에 물든 단풍처럼
향기롭고 곱게 피어오르다
묻어둔 추억은 숨을 죽이는데

온통 숨어있던 추억이
붉게 물든 계절에
봇물 터지듯 비집고 분출해

꼭꼭 숨겨두고 곱게 간직한
어리는 나만의 이야기가
아직 설익어 어설픈 가을 날
각혈하며 단풍잎에 토해낸다

小雪 소설

올가을은 참 끈질겼다
코로나19로 몸살을 앓는 가계들
그 좋은 날씨에 손님들이 없어서
한숨이 입 밖에서 떠나질 않고
웃음은 바닥에서 짓밟힌지 오래다

낭만이 춤을추던 가을은
어디론가 숨어 버리고
바닥으로 떨어져
짓밟힌 단풍은 할말이 없다

채색된 가을은 빛이 발해
小雪 소설에 雪눈 아닌 雨 비가와
낙엽만 쌓이는데

몸부림 치는 늦 가을
멍 때리고 쉬고 있는 벤치에 앉아
차 한 잔 같이 마실 사람이 그립다

지겨운 기억은 오래 머물지 않는다

바쁘게 달리던 하루가
쥐 죽은 듯 침묵하는 밤

뜨겁던 여름의 힘없는 속삭임에
흔들리던 바람이 생기를 되찾고

쥐어짜던 땀의 기억이
미로에 갇혀 희미해질 때쯤

빠른 세월에 휩쓸려
계절도 바뀐다
그래 가을은 살포시
내 옆에 와 머물지

여름은 가고 가을이

아직 무덥던 잔 부스러기가
여기저기 흩어져 있다

남아있는 여름
마지막 바락도 할 틈도 없이
짓 눌린 채 한숨을 내쉬는데

얼마 전까지 희희낙락
천하가 내 것인 양
오래만 갈 줄 알았던 뜨겁던 횡포
다 잊었나 보다

가을이 온 거지

미처 떠나지 못한 늦여름 횡포
나뒹구는 낙엽에 체어
납작 엎드린 채 꼬리를 감춘다

달빛을 줍는 아이들

작별 인사도 내던지고
몸은 왔으나
마음을 가져오지 못해
아귀에 쥐고 있는 고향 생각에
늘 묻혀 살아가는 날들

가을 풀벌레 울 때면
두고 온 그리움에 젖어
낯선 타향의 공기를 흠뻑 마시며
희미하게 떠있는 낮달을 바라본다

서툰 타향살이가
대보름 망우리 깡통 돌리며
쥐불놀이하던 고향 생각이
소크라테스의 중얼거림을
이해하게 되는 시간

우정을 나누며 달빛을 줍던
어린 시절의 한없는 그리움

구인 광고

곱게 물 들어가는 이 가을에
누가 내 곁에 있어 주어
깊어져 가는 가을을 붙안고
둘만의 추억을 만들 사람
어디 없을까

바람이 스칠 때 손잡아 주고
가슴으로 추위를 감싸며
마음 나눌 수 있는
그런 친구 하나 있으면 좋겠다

은행잎 떨어지면
흩어진 잎으로 하트도 만들고
고운 단풍잎으로
그대 머리에 꽂아주면서
함께 미소 지을 수 있는
그런 친구 하나 있으면 좋겠다

피는 꽃을 보면서 함께 웃고
지는 꽃을 보면서 슬퍼하며
떨어지는 낙엽을 보면서
쓸쓸함을 같이 나눌 수 있는
그런 친구 하나 있으면 좋겠다

말 없는 가을은 쓸쓸하지만
사랑한다는 표현 자주 하고
서로 어깨 다독여주면서
그저 눈빛만 보아도 기분 좋은
그런 친구가 옆에 있으면 좋겠다

시린 가을
기댈 수 있는 사람 어디 없을까
올가을엔 단풍에다
예쁜 사연 한 아름 그리고 싶다.

이별의 순간

오래 머물고 싶었는데
내려놓고
떠나야 하는 어설픈 가을

바스락거리는
만삭인 계절의 홍엽
짧은 입 맞춤으로
방탕한 이별을 한다

설익은 단풍도
자유를 얻었다
잡은 손 놓고 바람에 의존해
어디 든 갈 수 있다고

만추의 회춘

가슴속까지 타들어가는 화끈한 열정
온산에 열꽃이 핀다

마른 장작 몸을 태우듯
혈관의 빨간 피가 솟구쳐
푸른 날의 기억을 잊은 듯
온통 붉디붉다

한때는 나도 그랬지
분출하는 젊음을 주체하지 못하고
고삐 풀린 망아지 날뛰듯

망둥이가 뛰니 꼴뚜기도 뛴다고
혈기를 못 참고
이리저리 휘젓고 다니다
나라 녹 도 공짜로 먹었었지

목젖까지 타들어가는 빨간 그리움
가을이 가득 찬 산과 들을 보니
젊은 날이 벌떡 일어나 회춘을 한다

그렇게 또 세월은 가는 거야

떠나기 싫어 끝까지 버티다
힘겹게 가는 여름이 섧게 울던 날
그 자리를 꿰차고 앉은 가을
천년만년 갈 줄 알았지

터줏대감 노릇도 잠깐
예쁜 옷 다 벗어 던지며
나뒹구는 분신을
연일 내려다보며 한탄을 해 보지만
미련을 버려야 하는 나무는
측은하다

세월에 떠밀리는 인생
하루를 힘겹게 보낸 날
그림자가 산허리를 넘을 때
떨리는 가을이 괜스레 안쓰럽다

가을 여행

낮게 깔린 저기압 날씨가
여행하려는 자동차를
막아서는 아침
금방이라도
하늘이 내려앉을 기세에
먹구름은 떨어질 듯
힘겹게 내려다보고 있다

삶의 아우성이 뒤엉켜
시끄럽게 떠다니는 속세를 헤치고
잠시나마 힘겨웠던 뒷날을 잊어보려 하지만
말끔히 지울 수 있는
지우개를 찾을 수 없다

경주를 하듯 차들이
혈기를 토해내며
흔한 일상을 가득 싣고 달리고
빼곡히 주저앉은 보도블록 위로
샐러리맨들의 출근길을
말없이 재촉하는 짧은 시간

삶의 보람이
가슴에 새겨질 순간을 위해
찌든 삶의 부스러기를 툭툭 털어 내며
틀에 박힌 일상을 뒤로하고
빌딩을 헤집고 떠나자

광란의 밤

검은 무리 하늘을 덮치더니
밤새 광란의 굿판이 벌어졌나 보다
고이 잠든 나를 뒤흔들어놓고
오래 간직하고 싶었던 추억을
송두리째 털어버렸다
꿈 많은 소녀처럼 연지 곤지 찍고
뽐내고 싶어 여름내 치장하고
짝사랑하였는데
수줍어 붉게 물든 볼 이
질투가 났나 보다
휘몰아친 악마의 광란이
나를 송두리째 내동댕이 처 버렸다

가을이다, 나가자

쪽빛 하늘이다

여름에 지친 빈 혼에
홍시로 늦춰가는 포만감이
오장육부를 타는
이 가을

단풍이 붉어지면
볼도 붉어지고
친구 생각도 붉어지면
묻어두었던
기억도 붉어지는
오늘

가을을 담으러
나가련다
소쿠리 소롯 하게 담을
나와 내가 떠나자

산소 옆에는 할미꽃이 있었지

태초부터 혼자였어
굽은 산등성 넘어 모퉁이
메마른 양지에
말없이 혼자 앉아 고개 숙인 꽃

바람이 지나다 물어본다
할아버지는 어디 있냐고
그러나 외롭진 않았어

지나던 구름 손 흔들어주고
스치는 바람 속삭여주며
햇볕은 옆에 앉아 친구해 주니까

쉬어가는 봄날
할미꽃도 이제는 지쳤나 보다
허리는 굽고 코는 땅에 처져
홀로 무료함을 달래는 할미꽃.

배려

콩 걷이 하고
팥 걷이 하다가
떨어진 낟알 줍는 내게
아버지 하시는 말

그냥 놔두거라
저기 새가 보고 있다

혹여 알겠나
날 짐승 먹다 남으면
겨우내 죽지 않고 있다가
봄 되면 싹트고 꽃 필지

지겨운 기억은 오래 머물지 않는다

바쁘게 달리던 하루가
쥐 죽은 듯 침묵하는 밤

뜨겁던 여름의 힘없는 속삭임에
흔들리던 바람이 생기를 되찾고

쥐어짜던 땀의 기억이
미로에 갇혀 희미해질 때쯤

가을은 살포시
내 옆에 와 머물지.

유채꽃

지나가던 발걸음
꽃향기에 멈추고

유채꽃밭 풍경에
이내 마음 놓으니

고운 님
가시는 길이
발걸음도 가볍다

*시조

꽃바람

바람에 날리우는
꽃잎을 바라보며

멀리 간 그리운 님
소식만 기다리네

그 님도
저 꽃잎같이
이내 마음 알려나

*시조

{평론}

「바람엔 계절이 숨어 있다」 - 시간과 감각의 시학
(열린동해문학 평론가 원평/서인석 작가)

시집 「바람엔 계절이 숨어 있다」는 제목만으로도 이미 한 편의 시처럼 깊은 감동과 여운을 남긴다. 이 문장은 단순한 자연의 현상에서 출발하지만, 그 안에 인간의 내면, 정서의 결, 그리고 시간의 흐름까지 담아낸다. 바람이라는 보이지 않는 존재 안에 계절이라는 구체적 시간이 숨어 있다는 발상은 직관적이면서도 시적인 상상력의 정수를 보여준다.

1. 바람, 보이지 않는 감각의 매개체

바람은 형태도 색도 없지만, 계절이 바뀔 때마다 그것의 결을 통해 변화를 가장 먼저 감지할 수 있다. 봄바람의 부드러움, 여름의 더운 기운을 품은 바람, 가을의 서늘함, 겨울의 살을 에는 찬기운, 이 모든 계절의 기호가 바람 속에 스며든다. 이는 마치 우리 삶 속에서 느끼는 감정의 흐름과도 같다. 바람처럼 눈에 보이지 않지만, 어느 순간 문득 스치듯 다가오는 감정의 파도. 시인은 이 같은 감각을 포착하여 '계절이 숨어 있다'는 표현으로 정서적 공명을 만들어낸다.

2. '숨어 있다'는 말의 시적 장치

'숨어 있다'는 표현은 단순한 존재의 의미를 넘어서 시적 탐색과 발견의 여지를 남긴다. 바람 속에 계절이 '있다'가 아니라 '숨어 있다'는 것은 우리가 의식하지 못하는 순간에도 삶의 흐름이 조용히 진행되고 있음을 암시한다. 시인은 사소한 것 속에 깊은 진실이 있고, 무심코 지나치는 순간 속에 서정이 숨겨져 있음을 말하고자 한다. 이는 독자에게 감각을 열고, 세심히 들여다보라는 암묵적 요청이기도 하다.

3. 시간과 정서의 은유

계절은 시간의 순환이고, 바람은 그 순환의 움직임을 감각화하는 존재이다. 따라서 이 제목은 시간과 정서가 교차하는 시공간적 지점을 품고 있다. 시집의 세계는 아마도, 계절의 흐름을 따라 삶의 여러 감정들이 천천히 드러나는 구조를 가지고 있을 것이다. 제목이 미리 암시하듯, 이 시집은 자연의 언어를 통해 인간 내면의 진실을 천천히, 그러나 깊이 있게 파고드는 서정시의 공간이 된다.

4. 자연과 존재의 시학

이러한 제목은 한국 서정시의 전통을 잇는 동시에 현대적 감수성과도 연결된다. 자연의 이미지와 인간 존재의 감정을 조화롭게 엮어내는 방식은 김춘수, 서정주, 정호승 등으로 이어져 온 자연 친화적 시선과 맥을 같이하면서도, '숨어 있다'는 표현을 통해 보다 내면화된 세계로 향하는 시도의 흔적을 보여준다.

결론

「바람엔 계절이 숨어 있다」는 자연을 빌려 인간의 내면을 말하고, 감각을 통해 시간을 노래하며, 평범한 일상 속에 숨어 있는 시의 순간을 포착하는 시인의 세계관이 집약된 제목이다. 독자들은 이 시집을 통해 바람이라는 무형의 존재 속에서 삶의 진실을 마주하게 될 것이며, 그 속에서 숨어 있는 계절, 혹은 자기 자신과의 조우를 경험하게 될 것이다. 시인의 섬세한 감각이 일구어낸 이 시집은 현대인의 무뎌진 감성을 조용히 일깨우는 바람 같은 작품이 될 것이다.

「그대 위한 서사」는 인생의 후반부를 관조하며, 남은 삶을 여유롭고 의미 있게 살아가고자 하는 소망을 담담하고 따뜻하게 그려낸 작품이다. 시인은 "한번 왔다 돌아가는 길"이라는 첫 구절로 인생을 하나의 여정으로 설정하며, 그 여정의 끝자락에서 지난 시간을 정리하고 앞으로의 삶을 보다 가치 있게 살아가고자 하는 마음을 표현한다. 사랑, 일, 여행이라는 인간의 본원적 욕망이 언급되며, 이를 통해 독자는 시인의 인간적인 면모에 공감하게 된다. 결국, 시는 생의 마무리 또한 아름다울 수 있음을 이야기하며, '신기루'라는 이미지로 덧없지만 찬란한 삶의 마지막을 그린다.

형식은 자유시로 구성되어 있으며, 평이하고 간결한 언어로 누구나 쉽게 공감할 수 있는 감정을 담아낸다. '들숨 날숨', '허물 다 벗어 버리고' 같은 표현은 일상성과 시적 은유를 적절히 혼합해 삶의 무게를 덜어내고 싶은 시인의 마음을 효과적으로 전달한다. 삶과 죽음, 관계에 대한 차분한 성찰이 중심을 이룬다 동반자 의식: '같은 곳에서 왔다 / 같은 곳으로 가야 하는 동반자'라는 구절에서, 인생을 함께 살아가는 이들 간의 유대감과 연대 의식을 강조한다 해탈의 지향: 삶의 허물을 벗고 '가벼운 몸으로' 살아가자는 표현은 불교적 세계관이나 영적 자유를 연상케 한다.

한번 왔다 돌아가는 길
이제 아껴 두었던 쉼 하면서
하던 일 마저 하고
좀 머물며 여유로울 수 있는
그런 인생으로 살면 좋겠다

못다 한 사랑도 해 보고 싶고
뜻있는 일도 해 보고 싶고
새로운 길도 가 보고 싶다

그렇게 즐겁게 살다가
세상 어둠 내릴 때
한 줄기 빛 줄기 따라
아쉬움 없이 신기루 되어 가고 싶다

같은 곳에서 왔다
같은 곳으로 가야 하는 동반자
편중된 일상 던져버리고
서로를 위해 들숨 날숨 쉬면서
남은 허물 다 벗어 버리고
가벼운 몸으로 그렇게 살다 가자

[그대 위한 서사] 전문

「그리움 하나 심고 싶다」는 담백한 언어로 순수한 소망을 담아낸 서정시입니다. 시인은 "그리움 하나 간직하고 싶다"는 소박한 바람을 통해, 삶 속에서 감정의 여백을 지니고자 하는 내면의 성찰을 보여줍니다. 이 시는 '이성'이나 '사랑'을 구체적인 대상으로 설정하면서도, 외적인 조건보다는 내면의 따뜻함과 진심을 더욱 가치 있게 여깁니다. "예쁘고 멋지면 좋겠지만 / 꼭 그렇지 않아도 / 마음이 고운 사람이면 좋겠다"는 구절에서, 시인은 이상 보다는 진정성 있는 관계를 추구하는 자세를 드러냅니다. 전반적으로 이 작품은 꾸밈없는 언어로 인간적인 그리움과 따뜻한 사랑의 가능성을 이야기하며, 독자에게 조용한 공감을 불러일으킵니다. 짧지만 정서적으로 여운이 깊은 시입니다.

나 그리움 하나 간직하고 싶다
멀지 않은 곳에 예쁜 꿈이 있는 곳
이성이면 좋겠지만
꼭 그렇지 않아도 좋겠다

나 고운 사랑 한번 해보고 싶다
가깝지도 멀지도 않은 곳에
예쁘고 멋지면 좋겠지만
꼭 그렇지 않아도
마음이 고운 사람이면 좋겠다

그렇게 바라볼 수 있는
그리움 하나 심고 싶다

[그리움 하나 심고 싶다.] 전문

「봄볕이 곱다」는 봄의 도래를 섬세하고 따뜻한 시선으로 그려낸 서정시입니다. 시인은 겨울의 끝자락에서 피어나는 봄의 정취를 햇볕, 꽃향기, 색채 등을 통해 감각적으로 표현하며 독자에게 계절의 전환을 고요하게 느끼게 합니다. 시의 초반부는 겨우내 얼어 있던 햇볕에 꽃향기가 묻어나 연둣빛 봄이 다가오는 모습을 보여주며, 겨울과 봄이 교차하는 찰나의 순간을 시적으로 포착합니다. 특히 "철을 잊은 꽃샘 이"와 같은 의인화 표현은 봄을 알리기 위한 자연의 분주함을 인상 깊게 드러냅니다. 중반부의 질문 "봄은 무슨 색일까"는 시인의 내면적 성찰을 드러내며, 단순한 색의 묘사를 넘어 봄의 본질과 감각적 인상을 탐색하려는 시적 사유로 이어집니다. 연둣빛, 분홍빛, 오렌지빛 등 색채어는 봄을 다양한 감성으로 해석하게 합니다. 마지막 연에서 "봄볕이 참 곱다"는 결말은 시 전체의 분위기를 포근하게 마무리하며, 봄볕 아래 벤치에 앉아 쉬는 모습은 일상의 평온함과 자연의 아름다움을 동시에 품고 있습니다. 이 시는 자연의 미세한 변화에 대한 섬세한 감각과 정감 어린 시선을 통해, 독자에게 봄볕의 따스함과 계절의 흐름을 고요하게 전달하는 아름다운 시입니다.

겨우내 얼어있던 햇볕에도
꽃향기가 묻어나
연둣빛 봄을 데려오고

철을 잊은 꽃샘 이도
핑크빛 봄을 알리려
미처 떠나지 못한
게으른 겨울을 쫓아내내

봄은 무슨 색일까
연둣빛, 분홍빛,
아니
곱게 내려오는 햇볕의
오렌지빛일까

나른한 오후
멀리 벤치에 내려앉아
미소 지으며 쉬고 있는
봄볕이 참 곱다

[봄볕이 곱다] 전문

「보내는 마음」은 겨울의 끝자락, 계절의 전환점을 배경으로 하여 '이별'과 '떠남'에 담긴 감정을 섬세하게 그려낸 작품이다. 시인은 겨울이 떠나는 순간을 단순한 계절 변화로 보지 않고, 정서적 교감이 깃든 존재로 형상화하여 따뜻하게 바라본다. 2월 하순이라는 시간적 배경과 "어깨가 처진 채 힘이 없다"는 묘사는 겨울이 물러나는 모습을 인간처럼 의인화한 표현으로, 이미 떠날 준비가 된 겨울의 고요한 분위기를 암시한다. 쓸쓸했던 테라스에 앉은 화자 곁에 햇볕이 "곱게 단장한" 모습으로 등장하는 장면은, 새로운 계절의 따스함이 조용히 찾아와 감정을 어루만지는 인상적인 순간이다. 이 장면에서 햇볕은 단순한 자연현상이 아닌 위로와 환희의 상징으로 기능한다. "보내는 마음도 / 떠나는 마음도 / 편치는 않은듯하다"는 구절은 시의 핵심 정조를 담고 있다. 이는 단지 겨울을 떠나보내는 아쉬움뿐 아니라, 우리 삶 속 이별과 전환의 순간들을 겹쳐 읽게 만든다. 떠나는 이도, 남겨지는 이도 모두 쉽지 않은 마음을 안고 있다는 진솔한 감정의 고백이다. 결국 이 시는 계절의 흐름을 통해 삶의 이별과 시작을 은유적으로 담아내며, 사소한 자연의 변화 속에서도 감정을 길어올릴 줄 아는 시인의 섬세한 감수성을 보여준다. 담백하면서도 깊은 여운이 남는 서정시다.

2월의 하순
겨울이 떠나야 할 것을 아는지
어깨가 처진 채 힘이 없다

겨우내 쓸쓸히 지내던 테라스
그 의자에 앉아 차 한잔하려는데
곱게 단장한 햇볕이 옆에 머물며
환한 미소로 물끄러미 바라보는 눈이
왜 그렇게 맑은지

그래 이제는
겨울이 떠날 때가 되었나보다

보내는 마음도
떠나는 마음도
편치는 않은듯하다

움츠렸던 겨울 떨지 말고 잘 가거라

[보내는 마음] 전문

「겨울이 밀려오는 밤」은 계절의 흐름 속에서 내면의 정서를 섬세하게 담아낸 서정시입니다. 시인은 가을이 깊어지는 밤, 외로움과 그리움이 겹쳐지는 순간을 통해 겨울의 도래를 예감합니다. 1연에서는 가을이 '가슴 깊이 파고든다'는 표현으로, 계절의 변화가 단순한 자연현상이 아니라 정서적인 울림으로 다가옴을 드러냅니다. '봄부터 써 내려간 그리운 엽서'는 시간의 흐름과 함께 쌓여온 기억이나 감정을 상징하며, '끝도 없이 떨어지는 가을밤'이라는 표현은 낙엽과 함께 스러지는 시간, 혹은 감정의 깊이를 상징적으로 보여줍니다. 2연에서는 외부 풍경과 내면의 정서가 교차됩니다. '정지된 듯한 밤', '눈을 감는 간판 불', '어깨가 처진 선술집' 등의 묘사는 삶의 무게와 피로, 그리고 고독감을 시각화하며, 마침내 '가을이 가득 찬 나뭇가지 너머' 보이는 '하얀 겨울'은 시간의 불가항력성과 정서적 냉기를 암시합니다. 이 시는 계절의 순환을 통해 인간 내면의 고독, 그리움, 체념을 은유적으로 보여줍니다. 감각적인 묘사와 섬세한 정서 표현이 인상적이며, 일상적인 풍경을 통해 보편적인 감정을 이끌어내는 힘이 있습니다.

가을이 가슴 깊이 파고든다
봄부터 써 내려간 그리운 엽서가
끝도 없이 떨어지는 가을밤

별빛에 물들어 흘러내리는 이슬이
한밤의 시름을 달래던 가슴에
가을을 재촉한다

적막한 밤은 정지된 듯
눈앞엔 어둠이 서성이고
껌뻑이던 간판 불도 눈을 감는데
취기가 가득 찬 선술집은
어깨가 처져 천근만근 힘이 빠지고
가을이 가득 찬 나뭇가지 너머
멀리 하얀 겨울이 보인다.

                                   [겨울이 밀려오는 밤] 전문

제목: 바람엔 계절이 숨어 있다

초판 1쇄 인쇄 2025년 08월 11일
초판 1쇄 발행 2025년 08월 21일

지은이: 박수준
펴낸이: 서인석
편집 및 디자인: 서인석· 서윤희
펴낸곳: 도서출판 열린동해문학
<등록 제 573-2017-000013호>
주소; 충북 청주시 서원구 모충로 93 1층 101호

HP: 010-7476-3801
팩스: 043-223-3801

ISBN 979-11-991018-3-8 (03800)

이 책의 판권은 저자와 출판사의 동의 없이 무단 및 복제를 금합니다. 파손된 책은 구입처에서 교환하여 드립니다.

이 도서의 국립중앙도서관 출판시 서지정보유통지원 시스템 홈페이지(http://seoji.nl.go.kr)와 국가자료공동목록시스템 (http:nl.go.kr/kolisnet) 에서 이용하실 수 있습니다